D・カーネギーの
未来を拓く言葉
真摯に生きるために大切な60の教え

D・カーネギー協会［編］
片山陽子［訳］

創元社

D・カーネギーの未来を拓く言葉＊目次

第1章

人といかにつきあうか

Communication

第2章 自分の心を整える

Self-control

第3章

仕事をうまく進めるために……95

Business skill

第4章 よりよく生きる知恵 …… 129

Life management

Life is Short Make It Great
Embrace Change for Success
Jump Start Your Career
Resolving Conflicts on the Job and in Our Lives
Ten Steps to a More Fulfilling Life
By Dale Carnegie & Associates, Inc.

第1章 人といかにつきあうか

Communication

Lesson

01

「本書から〝常に相手の立場に身を置き、相手の立場から物事を考える〟という、たった一つのことを学びとっていただければ、成功への第一歩が、すでに踏み出されたことになる」

――D・カーネギー『人を動かす』より

"If out of reading this book you get just one thing—an increased tendency to think always in terms of the other people's point of view and see things from their angle—if you get that one thing out of this book, it may easily prove to be one of the building blocks of your career."

–Dale Carnegie, How to Win Friends and Influence People

Lesson **02**

人間関係の原則

デール・カーネギーが説いた有名な「人間関係の原則」は、繰り返し心に刻むに足るものだ。それらが世界一賞賛されるアドバイスとなったのにはわけがある。効果があってシンプルで、人間関係だけでなく私たち自身の人間性も向上させるからだ。いくつかここにあげてみよう。

- **批判しない。非難しない。小言を言わない。**
- **心からほめる。正直にほめる。**

◆人を心からそうしたいという気持ちにならせる。

◆相手に心から関心をもつ。

◆笑顔を忘れない。

◆名前はその人にとって、他の何よりも心地よく響く言葉であることを忘れない。

◆よい聴き手になる。相手に自分のことを話させる。

◆相手が興味をもっていることを話題にする。

◆相手に自分は重要な人間だと感じさせる。心からそうつとめる。

Lesson 03

すぐれた聴き手

カーネギーは聴き方にも5段階あると言った。

1 聴いているふりをしているだけ。

2 ただ返事をするために聴いている。

3 知るために聴いている。

4 理解しようとして聴いている。

5　共感して聴いている。

カーネギーは、最後に相手からクイズが出るつもりで話を聴きなさいと言う。聴いたことを自分の言葉で言いかえてみて、正しく聴きとったかどうかを相手に確認するといい。何を話すかではなく、何を伝えようとしているかに注意を集中する。先入観をもたずに聴く。できるだけ心を無にして聴く。

Lesson 04

雑談を大事にする

仕事とは何の関係もないようなただの雑談や世間話が、実際には人を結びつける力をもち、深い人間関係が育つ土台をつくる。世間話をするのに、世間のあらゆることに精通している必要はまったくない。相手のお気に入りの話題で話をはずませられればいいだけのことだ。何か質問をして、こちらもその話題に興味があることをしめす。これが気心の通じる間柄、いわゆるラポールを築く確実な方法だ。

Lesson 05

話の「つぎ穂」を見つける

途切れそうな会話をもち直すための言葉を知っていると、緊張した空気のときや、気まずくなりそうな場面でとても役立つ。カーネギーが推薦する、話のつぎ穂になる言葉はこういったものだ。

「たとえばどんなふうに…」

「それにはどんな例がありますか?」

「どうしてそんなことに…」

「もう少し詳しく聞かせてください」

「別の言い方をすると、どうなりますか？」

「その言葉にはいろんな意味がありますね。あなたにとってはどういう意味ですか？」

Lesson 06

うまく「ノー」を言う

「よく考えて、クッションになる言葉を先に言う。言いたいことを言うのはそれからだ」とカーネギーは説く。人と話し合うときは、自分はどう考えるのか、なぜそう考えるのか、どんな証拠があるのかをよく考える。証拠は信頼を築き、疑いを晴らす。証拠になるものは「実例」「見本」「事実」「現物」「類推」「証明書」「統計」などである。

カーネギーの言う「クッション」とは、話し合いの合間にこんな言葉をはさむことだ。

「あなたはこうおっしゃっているのですね…」
「それはよくわかります…」
「それはいい考えだと思います…」
「おっしゃるとおりですね…」

大事なことは、そのあと「でも」「しかし」「だけど」といった言葉を使わないことだ。そういう言葉は両者を切り離すだけで、けっして橋渡しをしない。言葉のクッションは言いたいことの角をまるめ、当たりを柔らかくして、相手が反発したり防衛的になったりするのを防いでくれる。たとえ敵対しても、相手の顔をつぶさないことが重要だ。人の自尊心を傷つけてはいけない。どちら側も学べる環境をつくることだ。

Lesson 07

世代、メディア、コミュニケーション

世代間のコミュニケーションの溝は、近年のメディアの発展によってますます広がった。

シルバー世代はラジオを聴いて育ち、想像力を働かせることを教えられた。家族そろってラジオに耳を傾け、何を聴いたかを話し合った。ベビーブーム世代はテレビを観て育った。言葉と画像の両方からストーリーを解釈する習慣がついた。次のゆとり世代はインターネットを使いながら育った。文字上の世界にひたすら集中し、ときには現実のコミュニティにいるかのような錯覚を起こしつつも、大方の時間を一人で過ごした。その後のデジタルネイティブ世代はネットワークとともに育った。情報はいつでもどこでも手に入り、生身の人間とやりとりする必要はまったくなくなった。
結果は？　4通りのまるで異なるコミュニケーションスタイルが生まれ、どの世代も自分たちのスタイルが他の世代から完全に理解されるものと勘違いしている。とはいえ、どのスタイルの人からも同意を得られることがたった一つある。それは心からの、うそ偽りのない評価、賞賛、承認を与えること、受け取ることの必要性だ。カーネギーはこれをうまく実行するための公式をつくった。それは業績をたたえるときも、性格や長所をほめるときにも使える。

公式1　人をほめるときは、その人の何に自分が感心しているかを言う。

公式2　そのあと、なぜ自分がそう言うのかを説明する。裏付けとなる事実をあげる。そうすることで、そのほめ言葉がお世辞ではなく、信頼できるものになる。「私がなぜそう言うかというと…」と言って証拠になる事実をあげる。そのあと質問して、ほめられた人にも話をさせる。

Lesson 08

世代を超えた関係

カーネギーは、世代の異なる人々と尊重と評価を通して共感し、協調することの大切さを説く。コミュニケーションが円滑になり、心が通うようになると、世代の違いはお互いを隔てるものではなく、健全なものと見られるようになる。そして知恵を出し合い、力を合わせて革新的な解決を目指すという胸おどるチャンスがおとずれる。

世代を超えていい人間関係を築くために、どの世代にも取り入れてほしいアドバイスをあげてみよう。

◆世代間の違いに関心をもつ。こうと決めつけない。

◆自分の世代について知識をもつ。他の世代と異なる特徴があることに驚くかもしれないが、そこに気づくことで見る目と姿勢が変わる。

◆他の世代とその特徴について、少なくとも一般的な知識をもつ。

◆他の世代の人との衝突による恨みや怒りを引きずらない。

◆他の世代に対していい感情を育てる。言いかえるなら悪い感情をもたないようにして、何かいい感情がわいたときに、その気持ちを大事にする。

◆自分の思考、感情、行動に注目する。それらが無意識に、反射的に生じていないかつねに注意する。

◆自分の感じ方が、あらゆる出会いに影響を与えていることに気づく。
そういう目でながめると、感じ方がすべてであることがわかるだろう。

◆自分の行動が他の世代の人に与えた影響を認識する。

Lesson 09

難しい人

家族でもないかぎり、「難しい人」とは距離を置くことができる。しかし、職場ではそうもいかないことがある。机を並べている人を避けることは難しい。

ただ、うまく対応することはできる。難しい人にもいろいろなタイプがある。それぞれのタイプにありがちな行動を知っておくことは役に立つ。

まず、「**いつも反対する人**」がいる。何事にも否定的で、世の中を悲観的な目でながめる。つねに不機嫌で怒っている。横柄、憂うつ、不満でいっぱいといった印象を受ける。他人を批判し、小言も多い。口癖は「そんなもの、うまくいくわけがないよ」「はあ？　冗談だろ」「だめに決まってるさ」

「**変化を嫌う人**」もいる。これは意地悪な人でもある。変化を受けつけず、外に対しては闘争的になったり攻撃的になったりして抵抗を表わす。たとえ変化に同意したように見えても、いざ実施となると、故意に仕事を遅らせたりして妨害行動に出る。口癖は「それはもう試しました」「上の連中はわかってないから」

「**9時5時人間**」は、きっちり9時から5時まで働く。それより多くも少なくもない。自分の仕事でないものは目ざとく指摘する。どうにか見咎められないだけの仕事をして給料を手に入れる。口癖は「これは私の仕事じゃないわ」「それをやってる時間はないよ」「あ、もう退社の時間だから」

「**うわさ好き**」は、他人のことにいちいち首をつっこみ、うわさを広めるのが楽しみな人だ。表向きの発言と陰で言うことが違う人もこの部類に入る。彼らのそういうさもしさは孤独感の表われかもしれない。職場が唯一の交流の場なのだ。

「**被害者**」はつねに不幸のどん底にいるかのようだ。残業すれば、遅くまで居残ってどれほど大変な目にあったかをまわりに訴える。自分がどんなに忙しいか四六時中愚痴を言い、催促されたりせかされたりすると、先にやらなくてはならないことがこんなにあるからと言って、泣き言を言うか跳ねつけるかのどちらかだ。彼らの言いそうなことは、「大変な仕事はぜーんぶ私なんだから！」「これを直すのに、昨日は9時まで残業したのよ！」「いつ取りかかれるかわかりませんよ。今プロジェクトを3つも抱えてるんですから」

「他人のせいにする人」は、ミスが起きると、すかさず自分以外の人を指差す。自分がそのミスに責任がないことをすらすらと説明する。言い訳と先送りの名人でもある。「この数字は人からもらったものですから」「この仕事は急ぎじゃないって言われてましたので」

Lesson 10

難しい人への対処法

カーネギーは難しい相手のあつかい方について、こう助言する。

◆相手に真摯な関心をしめす。

◆相手のプライバシーを尊重する。

◆質問をする。

◆物の見方はその人の人生経験から来ていることを忘れない。

◆ときには賭けに出てみる。

◆正直になり、透明性を保つ。

◆判断せずに聴く。

◆相手と同様、こちらも感情的な「お荷物」を引きずっていることに気づく。

◆つぎのことは避ける――詮索する、勝手に決め込む、個人攻撃と受け取る、相手の困ったところを直してあげる

Lesson 11

交渉と歩み寄り

「交渉」とは、合意できる解決策を見つけるための話し合いだ。「歩み寄る」とは、うまく交渉した結果、お互いに合意できる解決に落ち着くことだ。歩み寄るには、何より柔軟でなければならない。壁につき当たったときは方向転換して、代案をひねり出す。相手と気が合わないときも、こちらの考えが相手に受け入れられないときも、家庭や職場のやり方を変えたいときも、はたまた縄張り争いに終止符を打ちたいときも、交渉して歩み寄ることが成功への唯一の道だ。

カーネギーが説いた「交渉」と「歩み寄り」に関する12のアドバイスを紹介しよう。

1. **ポジティブな姿勢でのぞむ。**

姿勢が結果を決める。Win-Win の結果を出すことを学んで達成するチャンスとして交渉にのぞむなら、お互いに利益を得られる可能性はぐんと高くなる。

2. **お互いに好都合な場所を選ぶ。**

お互いの便宜をはかる。会う場所や時刻や、話し合いに使える時間について前もって同意を得る。交渉はできるかぎり直接顔を合わせて行なう。電話やメールを使うことには注意がいる。表情や微妙な口調や、その他の信号が伝わらないせいで交渉が決裂することがある。

3. **争点を明瞭にし、同意を得る。**

争点を簡潔に具体的に述べ、同意を得る。問題が大きくていろいろな側面があるときは、小さい争点に分解する方法を探し、一度に一つずつ取り組む。

4. 事前の準備を入念にする。

じっくりとプランを練る。こちらの求める結果だけでなく、相手側の関心や動機についても知っておく必要がある。交渉に影響しそうな過去のいきさつや出来事なども考慮に入れる。「マスト」の項目(譲れない要求)と「ナイス」の項目(希望的な、妥協も可の要求)に分類する。どういう結果になれば「最善の決定」なのか、「まあまあ妥当な取り引き」なのか、「受け入れられるギリギリの線」なのかを定義しておく。

5. 正直に自分をふり返る。

相手の人間と交渉の過程とを信頼する決心をする。自分の性格のどんな側面が交渉の助けになるか、あるいは妨げになるかを自覚する。

6. 共通の利益を探す。

共通点を見出すことによって両者が同じ側に立つ。対立があると、お互いの違いが大きく感じられ、似ているところが見えなくなる。共通の目標、目的、ときには悩みを見つけて了解し合うことで、ともに取り組んでいることが明瞭になる。将来に焦点を合わせ、何がなされるべきかを話し合い、問題にいっしょに取り組む。

7. 感情ではなく、事実に注目する。

「人」ではなく「問題」を話し合う。相手を攻撃したり、相手の考えや意見を裁くようなところが少しでもあってはいけない。過去のことにこだわったり相手を責めたりしない。目的に目を据え、理性的な姿勢を保つ。そうすることで対立が客観化され、「人」と「問題」が分離され、防衛的になるのを避けられる。

8. 誠実に取り組む。

駆け引きしたり、とぼけたり、ごまかしたりしない。あくまでも正直になり、自分たちにとって重要なのは何かをはっきりさせる。同様に大事なのが、自分たちの目標や争点がなぜそれほど大事なのかを明瞭にして相手に伝えることだ。

9. 代案を提示し、証拠をしめす。

選択肢や代案を提示して妥協する意思のあるところを見せる。相手にとってはきわめて重要だが、こちらにとってはそれほどでもないという点については譲歩を考える。代案をつくるときは相手の利益を考え、何を証拠にそう考えるかをしめす。

10. コミュニケーションスキルを発揮する。

お互いに満足な解決を見つけようという決意を何より伝えるのが、すぐれたコミュニケーションスキルである。質問し、答えに耳を傾け、聴いたことを自分の言葉で言いかえて、正しく理解したかどうかを確かめる。相手側の関心事に真摯に関心を寄せる。ユーモアで緊張をほぐし、相手に言いたいことをすべて言わせて見解を認める。こちらの意見に固執するよりも、解決や妥協に向かって前進できる道に目を向ける。

11. 明るい気分で話し合いを終える。

Win-Win の提案をして、どちら側も「勝った」気分で話し合いを終えられるようにする。行動のステップ、各ステップの責任者、成果の測り方、評価の時期や方法などについて合意し、握手を交わす。緊急を要しない争点については、意見が合わないままであることをお互いに承諾する。

12. プロセスを楽しむ。

交渉は相手側の考えを学べる機会でもあるし、対立を乗り越えて合意に至ったときは、結びつきがむしろ強くなる。そういう利点に目を向ける。交渉の一つ一つをふり返って学習する。交渉のプロセスと結果を評価する尺度を定めておく。

Lesson 12

対立を別の目で見る

家庭では困ったことでしかない対立も、ビジネスにおいては正常な活動の一部に他ならないとカーネギーは指摘する。仕事がすんなりと進むことなどほとんどない。ミスが生じ、解決が必要になる。その結果、対立と見られる事態が起きる。

対立は実際には、柔軟性とカリスマ性をいかんなく発揮できるいい機会だ。対立には感情的な側面があり、それには物理的状況の解決に注ぐのと同じだけ力を入れて取り組まなければならない。対立にはいい面もある。どんな人間関係においても、問題を解決できて、対立を成長の機会と見られるときは、両者の絆がより強くなる。

Lesson

13

「人をあつかうときは、相手が感情の生き物であって、論理の生き物ではないことを忘れてはいけない」

"When dealing with people, remember you are not dealing with creatures of logic, but creatures of emotion."

–Dale Carnegie

Lesson 14

人を動かす12の方法

『人を動かす』を書いたカーネギーは、まさにこのテーマの大家だった。彼が考案した12の方法はこれだ。

1. つねにポジティブな姿勢をもつ。人に反感を抱かない。反感や嫌悪感が起きるのは、その人のことをもっとよく知る必要があるというしるしである。
2. 準備してその場にのぞみ、よく観察する。相手の言葉づかいと話し方に注意して、真意を汲みとる。
3. 信念をもち、情熱を込めて話す。

4. 質問し、相手の関心事を承認し、相手の考えをこちらの言葉で言いかえて「安全地帯」をつくる。

5. 何かポジティブなものを見つけ、それを足場に話を発展させる。

6. 相手にとってどんな利点があるかを説明し、相手の身になって話をする。様子がよくわかる生き生きした言葉を使い、納得のいく、信用できる話をする。

7. つぎのような話をして注意を引く。
・面白い、気のきいた話
・価値ある、あいまいでない話
・重要な、聴かないわけにはいかない話
・役に立つ、実用的な話

8. 人間の気高い精神に訴える。

9. アイディアをドラマティックに語る。

10. チャレンジ精神に訴える

11. 乗り気でない相手は、協力を求めて仲間に引き入れる。またはこう誘う。
「あなたの助けが必要なの」

「きみはどう思う？」

「ともかく一度やってみようよ。そうすれば、うまくいくかどうかわかるから」

12. 支援を求め、握手を交わして合意を得る。

Lesson 15

思いやり

何を達成するにも、他人の協力関係がほぼ例外なく必要になる。となると共感する力、相手の身になる能力が成功には不可欠だ。上司は部下たちの気持ちに敏感でなければならない。セールスパーソンは顧客の反応に敏感でなければならない。選出された議員は有権者のニーズに敏感でなければならない。

人間関係に役立つカーネギーの原則に「他人に心から関心をもつ」というものと「相手の身になって物事を誠実に考える」というものがある。職場や私生活で接するいろいろな人々との日々のやりとりにこの原則を応用すれば、相手に最善を尽くしてもらえるし、それによって私たちもまた最善を尽くすことができる。

Lesson 16

人と人との架け橋

気楽な何気ない世間話の目的は、話の口火を切って最初の緊張をほぐし、お互いが親しい間柄になることだ。そういう親しさが、人間関係が育つのに不可欠な土台となる。話している時間の80パーセントは聴くことに使い、残りの20パーセントを話すことに当てるのを目標にするといい。

カーネギーは言う。

「相手に心から関心をもちなさい。いい聴き手になり、相手に自分のことを存分にしゃべらせてあげなさい」

第2章

自分の心を整える

Self-control

Lesson 17

ほほえみ

カリスマ的な人は、ほほえみ方やほほえむ時を心得ている。ほほえみは好意のしるしし、イヌがしっぽを振るのと同じだ。もちろん一日中ほほえんでいるなどムリな相談だし、そんな必要もない。ほほえみは帽子をかぶるみたいな機械的なものではない。本当のほほえみは、内面がそのまま外へあふれ出たものだ。実際にほほえみを浮かべなくても、感じよく魅力的にふるまうことは十分にできるし、笑顔がまったく不適切という状況もある。だから、ほほえみを絶やしてならないということは決してない。

ほほえみは本心からわき出たものでなければならない。心の底からわきあがって目にも声にも仕草にもあふれ出るのが本物のほほえみだ。陽気にふるま

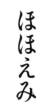

うといい。そうすれば心も自然と陽気になるだろう。ほほえみだけ偽造することはできない。つくり笑いは、やっぱりつくり笑いにしか見えないものだ。

カーネギーは「ほほえむ」というスキルについて助言している。彼が言うには、人間たるもの、まず世間や周囲の人々に対して正しい姿勢をもたなければならない。そうでないかぎり成功はおぼつかない。ほほえむことは、たとえ上辺だけでも役に立つ。ほほえみかければ相手がうれしくなるので、そのうれしさがこちらに跳ね返ってくるからだ。相手を愉快にすることで、こちらもより愉快になる。するとそのほほえみが、たちまち本物になる。

また、ほほえみを浮かべると、それまで心の中にあった嫌な気持ちや偽りの感情も消えていき、気持ちがのびのびする。ほほえむ癖をつけよう。それは気分がよくなるうえに、私たちが一緒にいて楽しい人間だということを世間に宣伝する素晴らしく簡単な方法なのだから。

Lesson 18

会話

会話が上手なことは、人間として大きな財産だ。ビジネスや社会的成功の強い味方でもあるし、一緒にいて楽しいから人に好かれる。

会話がうまいことほど、いい印象をもたれるものはないだろう。初対面やよく知らない同士ならなおのことである。秀逸な会話力で人の興味を引き、注目を集め、自然に人を引き寄せる。それは成功へのパスポートとも言える能力だ。人の心を開かせ、和らげる力のある人は、どこへ行っても歓迎され、人気者になり、着々と出世し、クライアントや患者や顧客や友人を呼び寄せる。会話の力とは他人を説得し、考えを変えさせ、指示に従わせ、商品を買わせる強力な道具なのである。

話のうまい人、巧みに表現できる人、言葉の力でたちまち他人の興味を引ける人は、知識はあってもうまく言えない人に比べてどれだけ有利なことだろう。実際に研究でも、非認知的能力と呼ばれるような社会生活を支える力、ＩＱテストでは測れないような能力が、従来考えられてきたよりも職業的成功にとってはるかに重要であることがしめされている。

「人と世間との接触のしかたは4通りあり、4通りしかない。それだけの接触で人間は評価され、分類される。それはその人が何をするか、どう見えるか、何を言うか、それをどのように言うかである」

――デール・カーネギー

会話は途方もない威力を発揮する。だが、考えなしにしゃべったり、明瞭に簡潔に話す努力がないと、マイナスに働くだろう。ただのおしゃべりや無駄話では、人を感心させることはできない。教養のあるなし、育ちのよしあしを会話ほどすばやく表わすものは他にないだろう。その人の人生のすべてを語るといってもいい。何を語るか、どのように語るかで私たちの秘密がすべて暴かれ、真の身の丈が世間にさらされるのだ。

Lesson 19

名前

初めての人に会ったら、その人の名前を何としてでもおぼえる。紹介されたとき、とくに一度に大勢を紹介されたようなときは、名前がはっきり聞き取れないことがある。「お名前をもう一度聞かせてください」と頼むのは、決して失礼にはあたらない。その名前を何度か口に出して会話すると、記憶に残りやすい。

名前をおぼえるコツをいくつかあげておく。

・名前から連想される「絵」を思い浮かべ、記憶に焼き付ける。言葉ではなく、必ず画像を思い浮かべる。たとえばジュリーという人に会ったら、その人がたくさんのジュエリーで身を飾ってキラキラ輝いているところを思い描く。紹介されたサンディが、豊かに波打つブロンドの持ち主なら、波が打ち寄せる美しい砂浜を目に浮かべる。

・親戚や友人知人に同じ名前や似た名前の人がいるときは、二人の顔を並べて頭に焼き付ける。

・その場の会話の中で、相手の名前を何度か口にする。もちろん頻繁すぎたり、わざとらしいのはいけない。3〜4分に一度ぐらいにし、別れるときにもう一度口に出して記憶に刻む。

・最も大事なのは、心の中で繰り返しその名前を呼ぶことだ。頭にしっかり刻み込まれるまで何度でも呼ぶ。

「名前は、当人にとって、最も快い、最も大切な響きを持つ言葉であることを忘れない」

――デール・カーネギー

Lesson 20

ただ一つの鉄則

批判しない、非難しない、小言を言わない――これをカーネギーは人間関係の鉄則だとした。

私たちはつい「こんな仕事じゃ私の実力が発揮できない」とか「私にこんな仕事をさせるなんて上司は間違ってる」とか言ったりする。仕事自体を批判したりもする。「こんなことやったってお金と時間のムダだよ」と。こういうことを言っていると、やる気は起きないし、職場での評判も悪くなる。たとえ嫌な仕事を割り当てられても、今そこは問題にしない。そして直ちにその仕事に取りかかる。

Lesson

21

「信頼できない人間は、信用できるとも思わないし尊敬もできない。
尊敬できない人間は、信用できるとも信頼できるとも思わない」

"If I don't trust you, I will not view you as credible, nor will I respect you.
If I don't respect you, I will not see you as credible or trustworthy."

–Dale Carnegie

Lesson 22

自己イメージについて

いい人間関係や人づき合いは充実した人生に不可欠だ。だがその前に大事なのが、自分自身といい関係を築くことである。自分を価値ある人間と感じることができないと、印象のいい、好感や信頼感をもたれる人になることができない。いい自己イメージを育て、それを抱いて世間に出ていくことが、成功と幸福への第一歩となる。

「自分を信じなさい。自分の力量を信頼しなさい。謙虚ではあっても自分の能力にそれ相応の自信がないと、成功も幸福も手に入らない」

――デール・カーネギー

Lesson 23

自信について

カーネギーは、自信と人間的な力を育てるために大切なポイントを6つあげている。

1. 自己受容

これは自分を一人の人間として受け入れられるということであり、自分の長所、強み、個性などに注目することが手がかりになる。こうしたところに目を向けると自己評価が高まり、自信もつく。長所を見ずに、短所ばかり気にする人がとても多い。人は自らを助けなければならない。自分を肯定的にながめられると、他人も肯定的に見られるようになる。

2. 自尊心

自尊心を育てる手がかりは、自分のこれまでの成功や業績に目を向け、素晴らしいことをなしとげてきた自分を評価することだ。時間をかけてじっくりと成功体験を思い返す。すると自分への見方が変わり、自負心と自信がわく。「成功リストの作成」は、そのために役立つエクササイズだ。これまでの人生でおさめてきた成功と業績を思い出し、リストにしてみよう。

3. セルフトーク

1と2の作業を通して十分に根拠のある「セルフトーク」ができる。セルフトークとは、誇らしい資質や実績を思い出させる言葉を自分にかけて、自分を励ます方法だ。これは自分自身の思考という、人が支配できる唯一のものに対して支配力を取り戻す道具になる。

4. 挑戦する

人は新しい経験を、学びと成長の機会にすることができる。リスクを負って挑戦するたびに、自分の「快適帯」が拡大される。それによって自分に新たな可能性が開かれ、自己受容感と自尊心がさらに高まる。

5. 自分になる

1〜4を実践して自信と自己評価が高まると、私たちはより自分らしくなれる。他人をうらやんだり真似たりすることほど、自信を傷つけるものはない。自分を受け入れ、人とは違う自分らしい自分でいられるようになると、まわりに人が集まってきて、自分は価値ある人間だという気持ちがさらに強くなる。

6. サポーターをもつ

どんなに自信があっても、それをこなごなに砕くような人や出来事に必ず出会うだろう。自分に対していい感情をもたせてくれる人や、前向きなエネルギーを与えてくれる人を思い出すといい。自信をなくしたときは、そういう人たちに助けを求める。

Lesson 24

心のバランスについて

バランスのとれた心で生きるには、カーネギーが説く不朽の基本原則を頭に入れ直すのが賢明だ。ベストセラー『道は開ける』にある「平和と幸福をもたらす精神状態を養う方法」を思い出そう。

1　平和で、勇敢で、健全で、希望に満ちた考えで頭をいっぱいにしておく。

2　仕返しをしようなどと考えない。

3 感謝されることを期待しない。

4 幸せの数を数える。苦労の数ではなく。

5 人の真似をしない。

6 失敗から学ぶ努力をする。

7 他人が幸福になることをする。

Lesson 25

元気でいることについて

カーネギーは、疲労とそれに伴いがちな悩みを防止するには、日ごろから気力体力を十分にしておくことが大切だとして、いくつかの方法を提案している。

- 疲れる前に休憩する。
- 仕事をしながらでもリラックスできる方法をもつ。
- 仕事のやり方を工夫して、熱意をもって働けるようにする。

◆眠れなくても気に病まない。

◆すぐれた仕事習慣をもつことでストレスを防止する。

たとえば――

▪目下の仕事に関するものを除いて、デスク上の書類をすべて片付ける。

▪仕事は重要度の高いものから手をつける。

▪判断に必要な情報が手もとにあれば、問題は起きたその場で解決する。

▪仕事を整理し、代行させて管理する。

Lesson 26

自分の行動について

デール・カーネギー・トレーニングの核心にある信念は、どんな状況や人間関係においても、私たちに変えられるのは自分自身だけだということだ。事態を好転させるのも悪化させるのも、私たち自身の受け取り方や先入観、姿勢、ふるまい、感情、そしてコミュニケーションのとり方一つなのだということに気づくことである。

難しい人とうまくつき合って、協力を得たり対立を減らしたりしたければ、カーネギーがつくった行動のリストを見直すといい。ふだん、つぎのように行動できているだろうか？　そのとおりに行動できていたらA、まったくできていなかったらDとする。さて、あなたにとって最も改善の余地があるのはどこだろう?

◆証拠がないときは、相手に有利なように解釈する。
◆自分のホットボタン(何に対して最も感情的になるか)を知っている。
◆防衛的になったり、個人攻撃と受け取ったりしない。
◆理解できるまで話を聴き、ボディランゲージを読み取る。
◆ポジティブな姿勢を失わない。
◆相手の立場で物事をながめる。
◆交渉し、必要なら妥協する。

◆勝手な憶測をしない。

◆建設的なフィードバックをする努力をする。

Lesson 27

感情のコントロールについて

カーネギーが説く「感情をコントロールする秘訣」を紹介しよう。

1. 自分の感情が本当は何なのか、そのような気持ちになる原因は何なのかをつきとめる。
2. 自分がどう感じているかを冷静に話す。
3. 感情が悪いほうへふくらんでいくのに任せない。
4. 日記をつける。
5. 困難にみまわれたら、こう自問する。「起こりうる最悪の事態は何か」。その「最悪の事態」を受け入れ、少しでも改善されるような努力をする。

6. 感情がわき上がってきたら、こう自問する。
・この感情は何か。
・この感情の原因は何か。
・どんな反応が可能か。
・最も賢明な反応はどれか。

7. 恨みをもたない。仕返ししようとして時間をむだ遣いしない。

8. 感情の揺れに身を任せない。どんな状況のもとでも節度を保ち、信頼を失わないようにする。

9. 家の中を整理整頓してストレスを減らす。物を山積みにしない。

10. 忙しく暮らす。

11. 戦うか否かを選ぶ。客観的な見方を失わず、小さいことに大騒ぎをしない。

12. 避けられないこととは共存する。すんだことにくよくよせず、これからのことに目を向ける。

13. 幸せの数を数える。

14. 食物と運動と睡眠を適切にとり、健康を保つ。

15. おもしろいものを見つけたり笑ったりして気分転換をはかる。

16. 他人に役立つことをする。

17. 前向きな明るい人とつき合う。

18. 自分を大切にする。ただし甘やかさない。

Lesson 28

冷静さについて

カーネギーは、冷静さを保ちたいときに有効な6つのステップとして以下のことをあげている。

1. 頭を整理する

自分の考えと気持ちをつかみ、頭に浮かんでいることをノートなどに書き記す。

2. 人に意見を求める

公平な他人に事情を打ち明け、正直な意見を求める。

3．身体を動かす

外へ出る。散歩するか、何か運動する。

4．熟考する

相手の身になって事態をながめ、自分に何ができたかを考える。

5．一晩寝る

翌朝、1で書いたノートを読み直し、その状況はエネルギーを使う価値があるものか、それとも放っておいてもかまわないかを判断する。

6．戦うか否かを選ぶ

放っておくか、それとも事態と向き合うかを決める。

Lesson
29

ストレスについて

ストレスは身辺に起きたことや身の回りの変化に対する自分自身の態度によって招かれたり増えたりすることが多い。この仕事が自分の能力でこなせるだろうかとか、大失敗するのではないかと心配になることがある。カーネギーは、こうした不安を乗り越える方法として「今現在に集中する」ことを勧めている。

過去のことにくよくよしたり、先のことばかり心配するのをやめよう。過去はもう変えられない。過去の過ちのせいで人にどう思われるか、何と言われるかは変えることができない。自分をゆるしてやろう。そして、今やるべきことをやることだ。

職場のストレスの大半は、すでに起きてしまったことや、これから起きるかもしれないことをあれこれ悩むことから生じている。職場の日々のストレスが、その日の出来事から生じることは比較的少ない。船の内部が区画ごとに仕切られ、浸水時に他の区画から流れてくる水を締め出す仕組みになっているように、私たちも過去と未来を締め出す必要がある。

すんだことをくよくよしたり、先のことをやきもきしたりするよりも、今日の問題に集中するほうが今日の成果は上がるだろう。人の悩みの90パーセントは、すでに起きてしまったことや、起きるか起きないかわからない先のことについての悩みであるとカーネギーは言う。

カーネギーは忠告する。

「人は今日という、たぶん人間が生きられる唯一のときを生きることに甘んじてよいのである」

実際、私たちの日々の不安の多くは、起きそうもない事態を恐れるというばかげた心配から来ている。その恐ろしい事態がたぶん起きないなら、そんな心配はわきへ追いやり、前進することで、人は自分を大事にできる。

カーネギーはこの原則を、悩みに「ストップ・ロス・オーダーを出す」と呼んでいる。ストップ・ロス・オーダーとは投資家のやり方の一つで、株が値下がりしだしたら、あるところで自動的に売る注文を出して損失が広がらないようにする。もちろんときどき損はする。そのときはその損に見切りをつけ、前進するだけのことだ。

Lesson 30

批判について

私たちは幼いころからずっと批判されてきた。親にも親戚にも、先生にも上司にも、はては赤の他人にさえも。

完璧な人間などどいない。だから批判は間違いを正し、行動をあらため、仕事を向上させるれっきとした方法だ。人生になくてはならないものであり、やり方さえ適切なら、人間の成長と成熟に重要なものとなる。だが、間違いを正せるように注意を促すことはもちろん必要なのだが、もしやり方が無神経だったり残酷だったりすれば、批判されたほうは、自分は無能なダメ人間だと感じ、すっかりやる気をなくしてしまうかもしれない。

カーネギーは「批判も、非難も、小言を言うこともしないように」、そして

「人をとがめるかわりに理解するようつとめることだ」と言った。

残念ながら他人を理解しようとしない人は大勢いる。人の仕事が気に入らないと、責める、ののしる、叱り飛ばす。そういう行動に出る人たちの性格を変えることはできない。だが批判されたとき、その批判を建設的にあつかうことはできる。

Lesson 31

責任について

「私じゃありません」とロイスは泣きじゃくった。

「私はそんなことしてません！」

罪を否定したり他人になすりつけたりすることは、とがめられたときのふつうの反応だ。自分に責任があろうがなかろうが、ともかくも責任を逃れようとする。「悪いのはあなたでしょう。私はあなたに言われたとおりやっただけなんです」と。

非難されたときに逆ギレしたり責任を他人になすりつけたりは、人間の自然な反応かもしれない。いたずらを見咎められた小さい子供は、他の子供を指さして罰を逃れようとする。この行動を多くの人が大人の人生にも持ち越していて、ときにはまんまと逃げおおせている。

自分のミスに責任をとるか否かはその人次第だが、大人であれば、批判は学びの機会と考えるべきだ。間違いをおかしたら、成熟した人間として当然修正を受け入れるべきだと。とはいえ批判は往々にして思いやりのない言い方になるので、言われたほうは怒りで頭がいっぱいになって冷静に考えられなくなる。そうだ。批判されると、批判された事柄はそっちのけで、批判したその人に怒りの矛先が集中するというのが最もありがちな反応だ。頭の中をこんな考えが駆けめぐる。「あんなやつ大嫌いだ!」「こんな会社、最低!」「なんであんたにそんなこと言われなきゃならないの!」「おぼえてらっしゃい!」「わかったよ、言う通りにやればいいんだろう、やれば! てきとうにやってやるさ」「あとで吠え面かくなよ!」

こういうネガティブな考えは何一つ解決しないばかりか、自分をもっと惨めにするだけだ。「批判せず、理解するようつとめよ」とカーネギーが言うように、批判されたときも、批判し返すのではなく、相手を理解しようとつとめるべきだ。

ブライアンは職場で、批判を受け入れることを学ぶチャンスに出会った。担当したプロジェクトで判断ミスを冒し、上司のジョーから部の全員の前で罵倒されたのだ。仲間から見下されただけではない。正しいと信じての判断だったので、悔しさは一通りでなかった。

唇を噛んで部屋を出たブライアンは、もうこの会社を辞めようと思った。

「あんな見当はずれな文句をつけて、おまけに友達の前で恥をかかせるなんて！　もうあんなやつのために働くもんか！」

だがしばらくして気持ちがおさまると、自分の反応を振り返った。確かに上司のジョーのやり方はひどい。だがもしここで会社を辞めたりしたら、自分は上司に馬鹿にされるよりずっと深い痛手を負うだろう。自分の判断は正しかったと今でも信じている。だが上司は上司としての意見を言って当然だし、プロジェクトの結果に最終的に責任があるのは彼なのだ。

批判を受け入れ、上司をいつまでも恨んだりしなかったブライアンは、プロジェクトをあらためて検討して、自分の判断の根拠を上司と冷静に話し合った。その結果、どちらにも納得のいく解決を見つけることができ、それは二人の初めの案のどちらよりもいい決定だった。もっと重要なことは、ブライアンが、どんなにひどいやり方で批判されても、それを上司との人間関係に影響させないことが大事だと気づいたことだ。

Lesson 32

憂うつな気分について

ブルーな気分に襲われても、負けてはいけない。太陽はいつでも明るいオレンジ色に輝いている。たとえいっとき黒雲に隠されても、その雲の裏側は光を浴びていつも銀色に輝いている。その光の中へと抜け出す道は、緑色の嫉妬心に塞がれたり紫色の怒りにねじ曲げられたり、疑心暗鬼の黄信号に足止めされるかもしれない。再びバラ色に包まれるには、目指す場所を水晶のようにくっきりと思い描き、情熱という紅の炎に煽られて難題を乗り越え、白熱する強さと決意を手に入れる。そうすれば目的地への道を阻んでいた黒く深い穴を飛び越えて、人生を沈んだ灰色から輝く黄金色へと変えることができる。

「人間の性質について最も悲劇的に思われるのは、生きることを先送りしがちなことだ。誰もが、どこか地平線のかなたの幻の花園を夢見ていて、我が家の窓のすぐ外に今咲きほこるバラを愛でようとしない」

——デール・カーネギー

Lesson 33

外見について

人の第一印象をつくる最大の要素は外見、見かけである。人にどう見えるかは、どういう人間か判断されるのに重大な役割を果たす。外見次第でドアが開かれたり閉ざされたりもする。セールスパーソンなら誰でも腹立たしい思いをしているだろうが、いわゆる門番が通してくれないせいで、顧客にしたい相手に面会できないことがある。招かれざる客は受付係や秘書に閉め出されてしまうのだ。そういう意味では、人に与える第一印象こそ最も手ごわい門番だ。受け入れてもらえるかどうか、文字通りにも比喩的にも往々にしてそれ次第なのだから。

人の印象のよしあしをつくる要素には、自分の力ではどうにもならないものもある。基本的な容姿は変えようがない。だが美点は最大限に生かし、欠点と思えるところはできるだけ目立たなくすることはできる。印象をよくするのに映画スターのような美男美女である必要はない。

外見に関する大量の信号は視覚的に伝達される。研究によると、視覚的な刺激は通常の回路をバイパスして脳の感情中枢へ直接伝達され、ほぼ瞬間的に反応が形成される。

きちんとした身だしなみや適切な服装、感じのいいほほえみ、そしてマナーのよさは、いい印象への第一歩だ。人格と能力が望ましいかたちで伝わるように身なりを整えることによって成功の可能性は格段に高くなる。

しかしながら今日のビジネスの場にどんな服装がふさわしいかには、ビジネスカジュアルと呼ばれるややくだけた感じが広く採用されてはいるものの、正解はない。自ら研究して、業界、地域、文化などを考え合わせて何が適切かを見つけてほしい。

「外見や性格は、その人のイメージを生み出し維持する出発点にすぎない。いいイメージに育てるには、相手に心から関心をもてる人間になることだ」

——デール・カーネギー

Lesson 34

明るさについて

いつも希望に満ちた態度でいることほど人生を明るくする習慣はないだろう。事態は必ず好転する、決して悪いようにはならない、自分たちはきっと成功する、失敗などしない、そして何が起ころうとも、また起きずとも幸せになる、と信じていることだ。

楽天的な、期待に満ちた姿勢でいることほど人生に役立つものはない。つねに最良のもの、最高のもの、最も幸せなものを探し、待ち受け、決して悲観的な暗い気分にならないようにする。

自分が今からやることは、自分の使命なのだと心の底から信じなければならない。一瞬たりともそれを疑ってはいけない。「友の思考」、すなわち達成すると心に決めた目標、それだけを思い描く。「敵の思考」、すなわち暗い気分や、失敗や不幸につながる考えは、すべて拒絶する。

期待と希望にあふれた楽天的な態度でのぞむかぎり、何をしたいか、何になりたいかは問題でない。その態度が、もてる力をすべて増強する道へと導いてくれる。そして人間を大きく成長させる。

偉大な業績を上げた人々は、男性も女性も、つねに明るく希望に満ち、ほほえみを浮かべて自分の仕事に精を出し、でこぼこ道も滑らかな道も同じ姿勢で歩みながら人生の山坂を乗り越え、チャンスをつかんできた。

つねに明るく快活に人に接し、自分でも楽しい幸福なときを過ごす。それだけで往々にして苦労は軽くなり、給料は上がり、昇進はかない、売り上げは伸び、より有能な上司や職業人になる。

「あなたは暗くて不幸で不機嫌な人間とつき合いたいか、それとも幸せで楽しげな人と一緒にいたいか。気分や態度は〝はしか〟のように伝染する。だから私たちは相手にうつしたいものを発散するべきだ」

——デール・カーネギー

Lesson 35

努力について

成功しないことを思い悩むより、楽観主義を決め込んで努力を続けることだ。

コロラド州のある鉱山主が、金が出るとにらんだ山を掘り始めたが、10万ドルを投じ、1年半かかって1キロ半を掘り進んでも、ついに金は発見されず、断念する。ところがその後、別の会社が同じ坑道をほんの1メートル掘り進めたところ、なんと金の鉱脈に行き当ったのである。それと同様、私たちの人生の金脈もほんの1メートル先に眠っているかもしれないのだ。

ベンジャミン・フランクリン（18世紀アメリカの政治家、学者、実業家。アメリカ建国期の代表的人物。）は、そういう初志貫徹のお手本だ。フィラデルフィアで印刷業を始めたときは、ただ一つの小部屋を店にも作業場にも眠る場所にも使った。市内の同業者に店をつぶされそうなことがわかると、その男を店へ呼ぶ。そして夕食はずっとそれだけと決めてきた一切れのパンを指さしてこう言った。「私を日干しにしようたってムリだね、きみが私より安上がりに暮らせるのでないかぎり」。自分の印刷所がだめになる心配をするよりも、成功するのに必要なあらゆることをする、彼はそう決心したのである。

「眠れないときは、悶々としながら横になっていないで、起きて何かをするといい。害になるのは睡眠不足ではなく、悶々としていることのほうだから」

――デール・カーネギー

Lesson 36

心配について

起きてもいない何かを恐れ、心配するのは習慣的なもので、心の癖にすぎない。そんなものは簡単に追い払える力を私たちはもっている。ただ考え方を変えるだけでいい。心配や恐れに素晴らしくよく効く解毒剤が、信念をもつことだ。心配が暗がりや影ばかり見ているのに対して、信念は太陽と、黒雲の裏側の銀色の輝きを見ている。恐れが下ばかり見て、最悪を予測するのに対し、信念は顔を上げて最善を待ち受ける。恐れるのは悲観論で、信念は楽観論。恐れはつねに失敗を予言し、信念は成功を予言する。心に信念がそびえ立っていれば、失敗や貧乏への恐怖は付け入る余地がない。疑いも寄せつけないし、どんな逆境もものともしない。

実際、自分と自分の力を信じていれば、心配や恐れに取りつかれたりはしないものだ。最もたちの悪い心配が、失敗するのではないかという不安。それに襲われると野心はくじけ、決意は鈍り、敗北が約束される。

これはそんな心配性を克服する方法の一つだが、この先起きそうだと思う悪いことをすべて紙に書き出して、どこかにしまっておく。時が経ってから取り出してみると、悲しいことが起きる確率はきわめて小さいことがわかるだろう。

心配する癖は、何としてでも治さなければならない。それは身体に悪い他の習慣をやめなければならないのと同じだ。頭の中は勇気や希望や自信でいっぱいにしておこう。心配を野放しにして、思考や想像の中に住み着かせてしまってはいけない。心配に襲われたら、直ちに解毒剤を使う。そうすれば敵は消散する。明るい信念という正反対のもので解毒できないほど強い心配も、しつこい恐怖心もない。正反対の考えが、そういうものを消し去ってくれる。フランクリン・D・ルーズベルトの戒めをおぼえておこう。「私たちが恐れなければならない唯一のものは、恐れることそのものだ」。

「〝恐れ〟は弱いものいじめをするだけの臆病者だから、征服するには、そいつがそこに居ることを忘れるだけでいい。造作もないことだ」

――デール・カーネギー

恐れを克服するには、まず何を恐れているのかを理解する。それは必ずと言っていいほど、まだ起きていない何かである。つまり存在しないものだ。怖いものとは、私たちが勝手に思い浮かべる架空の何かで、それが現実のものとなる可能性に人は怯えているわけだ。

Lesson 37

倫理について

私たちは毎日ほとんどのことを正しいか正しくないかで決めているわけではない。たいていのことは優先順位や能率や、当初からの計画や、金銭的な制約で決めている。それでもときには私たち自身の倫理的なものさしで、いいか悪いかを判断することを迫られる。そういうときは時間が逼迫していたり、感情が高ぶっていたり、事情が複雑だったりすることが多い。そんな不意打ちを食らったような混乱の只中で、私たちはしばしば倫理的な判断を反射的に下さざるをえなくなる。

倫理性が大きく問われるような状況のさなかというのは、自分の倫理的な基準を探ったり、あらためて決めようとするには最悪のときだ。そういう場ではすばやく情報を再検討し、なりゆきを予測し、他人のことを考え、自分の感情をコントロールして、そして行動しなければならない。倫理的な判断は一瞬のことだが、結果は一生ついてまわるかもしれない。だからこそ周到な考えが大事になる。倫理規範が役立つのはそのときだ。自らのおきてやルールが、人生の方向を決めてくれる。

カーネギーは倫理的な判断をすることについて、つぎのように助言する。

1. その行動が、すべての利害関係者にどう作用するかを考えなさい。利害関係者とは決定に影響を受ける人々だ。何をする場合でも、誰の役に立つか、誰が不都合をこうむるかを前もって判断し、不都合を避けたり減らしたりしなければならない。自分にこうたずねるといい。「もしも立場が逆だったらどうだろう？　もし私が彼らの一人なら、どう感じるだろう？」

2. 自らの倫理規範が、人生の基本原則となる。選択肢や代案を秤にかけ、自分の規範にかなうかどうか判断する。

3. 私たちの倫理規範にそう事柄は、すなわち信頼することや尊重すること、責任をもつこと、公平にあつかうこと、地域に貢献することなどは、非倫理的な動機、すなわちお金や権力や人気がほしいといったことよりずっと重要で、優先されるべきものだ。

4. 短期的な結果よりも長期的な結果のほうが重要だ。自分の行動が短期的には、また長期的にはどんな結果をもたらすか考えてみることだ。

5. 最善をもたらす選択肢を選びなさい。それでも迷うときは、最多の人に最善をもたらす選択をする。つらい決定をくだすときは、倫理的な価値とは関係のない選択肢をまず捨てる。そして残った中から、最も倫理的なものを選ぶ。

第3章 仕事をうまく進めるために

Business skill

Lesson 38

仕事に誇りをもつ

管理職であれ平社員であれ、自分の仕事に誇りをもつ人は多い。私はよくがんばった、この地位はその勲章だ、仕事は誰にも負けないし、上司も評価してくれて、今や会社になくてはならない人材だと見なしてくれる――こういうプライドを全員にもたせられれば、より士気の高い、より献身的な組織ができる。評価し、ほめることは、機会のあるたびに必ずやる。カーネギーは「心からうなずき、惜しみない拍手をおくる」ことが必要だと言った。

このアドバイスはどんな場所にもあてはまる。自分はこの会社の、あるいはこの家の重要な一員だと言われて嬉しくない人間はいない。義理の妹は台所をピカピカに磨いてくれるかもしれないし、ベビーシッターは子供たちが彼や彼女の来る日を待ち遠しがるほど、よく遊んでくれるようになるかもしれない。自分の行いが評価されたことがわかると、その行動は助長され、たいていは習慣になる。

努力を評価することの重要性は、米国人材マネジメント協会（SHRM）の報告にも明らかだ。４００社を対象にしたギャラップ調査にもとづく報告で、それによれば、従業員の辞める辞めないの決め手となるのは、給料や他の特典ではなく、直属の上司との人間関係だった。上司が公平で、たとえばコーチングやメンター制度を取り入れるといった啓発的な指導力をもつときは、従業員は辞めない。他のギャラップ調査でも、従業員の満足度と生産性のカギとなるのは、上司が自分たちを大事にしてくれる、あの上司なら信頼できると彼らが信じているかどうかだった。

人材確保定着対策本部（Employee Retention Headquarters）の研究でも、同じような結果が出ている。従業員の幸福感を左右するのは、お金よりも評価とやりがいだった。従業員が必要としていたのは、上司が自分たちの立場を尊重してくれること、また自分たちが組織の成功に不可欠な存在だということを言葉でも、言葉以外ものでも伝えられ、確信できることだった。大勢の前で、あるいは差し向かいで、彼らの進歩と勝利を心から祝う、すぐさま祝う、それが人を大切にあつかうということなのだ。

Lesson
39

最高のほめ言葉

すべてのリーダーが特技の一つにするべきことは、相手の美点や長所にふれて、たびたび、また心から、その人をほめることだ。カーネギーは PIER（支えとなる柱）という言葉の4文字を使って、彼の言う「最高のほめ言葉」が、どんな要素をもつものかを説明する。

P = Praise　ほめる。具体的に、うそ偽りなくほめる。

I = Illustration　実例をあげる。ほめ言葉を裏づける実例をあげる。

E＝Example　例示する。その美点がこれからその人に、たとえばこう役立つだろうといった例をあげる。

R＝Reinforce　強化する。最後にまたほめて仕上げをする。

「今からこの感謝状を贈るのは、その素敵な笑顔で教室を一日中明るくしてくれた人です（P）。休み時間にも、わざわざ私のところへ立ち寄って顔を見せてくれました（I）。そういうみんなを喜ばせてくれるところが、彼女が将来、素晴らしいリーダーとなる一助となるにちがいないと私は信じています（E）。彼女は今日までこのクラスの貴重な財産でした（R）。ではみなさん、ご一緒に彼女を迎えましょう。スーザン・ジョーンズ、どうぞここへ来てください！」

Lesson 40

栄光を分かち合う

栄誉を分かち合うことは、たんなる礼儀や親切ではない。それは強力なモチベーターだ。職場であれ、社会であれ、家庭内であれ、その人のもたらした重要な成果に報い、その成果を一段と大きなものにして、その人を大いに発奮させる。そういうかたちで認められ、ほめられると、人間は望ましい行動やふるまいをさらに繰り返し、強化していく。すなわち、栄誉を分かち合うことは、単純で即効的で、かつ効果抜群の強化策なのだ。

栄光を分かち合うときは、つぎの4つの原則を心がけよう。

1. 他人の中の最良のものを探す

「人を批判することはどんな馬鹿者にもできて、ほとんどの馬鹿者がそうしている」とカーネギーは言った。他人の悪いところではなく、いいところがつねに目に入るという人は、むしろ例外だろう。他人の中の最良のものを正直にながめる努力をすると、その人を見る目がまったく変わり、値打ちがずっとわかるようになる。

2. 文字にする

相手のいいところについて口で伝えるだけでもいいが、もっといいのは、それを文字にすることだ。その人が何度も読み返せるだけでなく、そのほめ言葉を他人に見せることもできる。

3. 人から聞いたことを伝える

ノーマン・ヴィンセント・ピール（アメリカの牧師、作家。1952年に大ベストセラー『積極的考え方の力』を出版。）が書いている。「誰かが誰かをほめていたら、その言葉を一つ残らず聴きとるようにした。そして本人に伝えた」。耳にしたほめ言葉を伝えるのは簡単だ。ただこう言えばいい。「ある人があなたのことをすごくほめていました。私も同感です。あなたにぜひお伝えしたくて…」

4. その場で言う

手柄を目撃したら、その場で拍手喝采をおくる。「栄光を分かち合う」ことは経験を分かち合うことであり、「よくやった!」「おめでとう!」と遠くから呼びかけるのとは違う。達成や成長を自ら見とどけたときの賞賛や承認は、うそ偽りのない心からの言葉として相手に届く。

Lesson

41

「励ましの力を使いなさい。
ミスは簡単に取り戻せると思わせなさい」

"Use encouragement. Make the fault seem easy to correct."

–Dale Carnegie

Lesson 42

職場づくり

カーネギーが説いた「やる気に満ちた職場をつくるための15のルール」はつぎのようなものだ。

1. 誠意を尽くす。会社、仕事、従業員に情熱と誠意を尽くす。部下や同僚を理解し、個人としての彼らに関心をもつ。彼らを動かすのは何か、彼らが達成したいのは何か、彼らにとってなぜそれが大事なのかをつかむ。

2. 信頼と敬意を得る。約束を守り、自信と信念を失わず、つねに公平に、理性的に、正直に、道徳的に行動する。頼りになり、かつ親しみやすい人間でいる。

3.適材適所をはかる。 雇用主や上司なら、部下や従業員の長所と仕事のしかたをつかみ、個性、才能、スキルを最大限に活かす。

4.強みを活かす。 短所を問題にするより長所を活かす。成績を伸ばせるチャンスを見逃さず、うまくいっている仕事にはさらに力を注ぐ。雇用主や上司なら、従業員のそれぞれが強みを活かし、独自の貢献ができるようにする。必要な権限を与えて仕事を委任し、自らは手を引いて信頼を表わす。

5.従業員に使命感をもたせる。 プロジェクト全体のゴールを従業員に告げ、できるだけ深く参加させる。部門の仕事が会社の成功にどう貢献するか、個人の役割が業績にどうつながるかを十分に理解させる。自分の努力が違いを生むことを誰もが知らなければならない。

6.明瞭で現実的な目標を設定する。 意見・情報の交換をつねに自由にし、スタッフと定期的に話し合う。スタッフがプロジェクトの進捗状況についてつねに最新の情報を得られるようにする。現場や仕事上の工夫についてスタッフに意見を求める。

7. **命令せず、質問する。**従業員と一緒にプラン、方針、原則などをつくることにより、彼らの自主性を育てる。スタッフが創造的、革新的であるのを奨励し、意思決定にも参加させる。彼らのアイディアを実行して、意見や専門技術を高く買い、信頼していることをしめす。

8. **共感して聴く。**目でも耳でも心でも聴く。判断せずに聴き、従業員を理解し、気持ちをくみとる。

9. **強さと気配りを発揮する。**そつなく如才なくコミュニケーションをとり、交渉と妥協に応じる。

10. **与え、妨げない。**従業員が進歩、発展、成功のために何を学ぶ必要があるかを見抜く。彼らが成果を上げ、ゴールを達成するのに必要な時間や物資を与えて便宜をはかる。

11. **業績が評価され尊重される環境を育てる。**従業員にたえずフィードバックを与え、当人にとって意味深いかたちで努力や業績を承認し評価する。

12. **つねに心から励ます。** 成長と発展の機会を与える。メンター、コーチ、トレーニングの機会を提供する。結果だけでなく努力にも報いる。

13. **多様性を尊重する。** 健全な議論や反論を奨励し、意見の違いを尊重する。

14. **スタッフ間のラポールを育て、支える。** 親密で協力的なチーム環境を育てる。従業員同士が仲良くなることを奨励する。ミーティング、親睦会、昼食会、終業後の活動などを通してコミュニケーションの機会をもたせる。ピアメンター（仲間的な助言者）やコーチなどの相談相手を提供して、問題が生じても人間関係が壊れないようにする。

15. **仕事場を個性的にすることを奨励する。** 職場の自分のスペースに写真や植物やトロフィーを置いたり好きな色を塗ったりして、個性的な職場環境をつくることを奨励する。

Lesson 43

問題解決

職場で問題が起きると、ストレスが増えたと感じるものだ。だが問題解決に計画的に取り組めば、事態に対処しながらストレスも防げる。カーネギーは職場の問題発生に、つぎのような3ステップで取り組むことを勧めている。

- ◆事実をすべて把握する
- ◆すべての事実を考え合わせ、結論を出す
- ◆結論が出たら、直ちに行動！

この3つが組み合わさって、困難な事態を乗り越える周到なアプローチとなる。一足飛びに結論を出すのではなく、まずはあらゆる情報を集める。そうすることで、よりよい判断の基盤が手に入る。事実を慎重に分析し考慮することによって、より確かな判断ができる。そしてひとたび結論が出たら、ぐずぐずせずに速やかに行動すれば、それだけ早く問題を解決できる。

Lesson 44

対立

チーム内で意見が対立するのは避けられないし、また当然のことだ。ただ、意見の対立や衝突が解決されないままだと、多大な時間とエネルギーがむだになるし、生産性が落ちて業績に影響することがある。

衝突を避けたがるのは多くの人の自然な反応だ。たいていの人が平和で協力的な環境を維持したくて、見て見ぬ振りを選択する。だが反対意見を隠したままだと、自分の仕事上の目標が犠牲になったり、昇進の妨げになったりするかもしれない。実際には、こうした対立を学習の機会ととらえられると、意見の相違から得られるものはとても多いのだ。事実、ある調査では、職場でも私生活においても、意見の不一致や論争がうまく解決されたときは、かえって相互の尊敬が深まったり人間関係が向上したりすることがわかっている。

「本気で相手の身になって、ものごとを眺めてみることだ」
――デール・カーネギー

Lesson 45

説得の公式

他人の気持ちを動かして行動や信念を変えられるかどうかは、相手の視点に立って話ができるかどうかにかかっている。

プレゼンテーションでは、なるべく早く聴き手の信頼を得なければならない。身を入れて話を聴いてもらい、行動や信念を変える必要があることになるべく早く気づいてもらわなければならない。そこで効果的なのが「出来事」を利用することだ。何か特定の行動をとるよう人を説得するには、その行動が必要だという明白な証拠を自分の目で見てもらう必要があるからだ。行動や信念を押し付けられたと思われてはならない。その行動や信念が納得のいく選択だと思ってもらわなければならないのだ。

その行動が必要なことを納得してもらえたら、つぎは取りうる選択肢のそれぞれについてプラス面とマイナス面の両方を説明する。このときも各選択肢が必ず聴き手の立場から考慮され、信頼できる公平なやり方で議論されるように注意する。

そして結論を出す。どう行動すべきか、どんな信念をもつべきかを、それが最良の選択だという証拠とともに述べる。その行動や信念によって聴き手の側にどんな利益があるかを告げることで、聴き手はその好ましい結果につながる提案を喜んで受け入れることができる。

こうした説得力のあるプレゼンテーションを準備するには、目的を念頭において、すなわち聴き手にとってもらいたい行動を明確に定めて、そこに至る道すじを整える。手順としては、まず聴き手の気を引き、同時に求める行動への布石となるような実例やエピソードを探す。実際の出来事を生き生きと伝えることで相手の行動が変わる下地ができる。その出来事が証拠となり、聴き手は納得して行動を変えることができる。したがってそういう話をするときは、こちらがかつて受けたのと同じ衝撃が相手に及ぶように経験を再現することだ。それによってこちらの主張はより明瞭になり、強力になり、ドラマティックにもなって、聴き手は興味しんしん、そして納得せざるをえなくなる。

実例探しのつぎは、調査してできるだけ多くの情報を入手する。すぐれたプレゼンテーションをするには、そのテーマについて実際に話に使う分の10倍は情報が必要になる。主張を裏付ける証拠を収集する。

最後に「結び」を準備する。プレゼンテーションの最後の一言は、聴き手が行動を起こすかどうかの大きな決め手になることが証明されている。効果抜群なのが「利益」を語ること。すなわち聴き手の側の利益を述べて話を締めくくると望ましい結果が得られる。

「人生から身をもって学んだことを語れば、きっと聴き手の心をつかんで離さない」
――デール・カーネギー

Lesson 46

成功する人の話し方

カーネギーは、プレゼンテーションをする人のために書いた『話し方入門』に、つぎのアドバイスを残している。

・出だしはきわめて重要だ。なりゆき任せではいけない。前もってよく考えておく。
・聴き手に受け入れてもらいたいことは、彼らがすでに信じていることとあまり違わないことをしめす。
・具体例や実例を使う。
・場面や様子がありありと目に浮かぶような言葉や表現を散りばめる。

・結びは最も重要だ。最後に聞いた言葉が最も記憶に残る。
・最後に要点をまとめたり、述べ直したり、ざっと振り返ったりする。
・聴き手の質問に答える準備をしておく。実際に質問が出たら、答える前に質問を復唱したり、内容を言い直したりして、他の人にもわかりやすくする。
・行動をとるよう訴える。どんな行動が求められたか聴き手が確実にわかるようにする。
・いい結びといい出だしを用意し、短くまとめる。つねに聴き手が飽きないうちに話を終える。「人気が絶頂に達したら、そろそろ飽きられるとき」と心得る。

Lesson 47

プレゼンの最後に

最後に、最も言いたかったこと、とくにどんな結果を求めるかを要約して述べ、プレゼンテーションを終える。それによって聴衆の心に決定的なイメージが明瞭に刻まれ、記憶に残る。そのあと質疑応答に移ったときは、その最後にもう一度要約を述べる。

「何が話されたのか明瞭でない講演がとても多いのは、話し手が割り当てられた時間内にどれだけ多くのことを語れるか世界記録を打ち立てようとするからだ」

——デール・カーネギー

Lesson 48

上司たるもの…

上司が何でも知っているわけではない。そんな上司はいない。上司は、自分がすべてに答えられるわけではないことを受け入れればいい。だが答えを手に入れるスキルだけはもっていなければならない。いい方法の一つが、同様の問題を抱えたことのある他社の人々とつながりをもつことだ。じつに多くのことが学べるだろう。社外に人脈や情報提供のネットワークをつくっておけば、助言やアイディアや問題解決のヒントや戦略がほしいときにいつでも接触でき、大いに頼りになる。

「人の意見を変えたいときに確実に効果があるのは、その意見を十分に考慮して、相手の、自分は重要な人間だという気持ちを支えてやることだ」

——デール・カーネギー

Lesson

49

責任と勇気

仕事に責任を負わせようとすると、部下はとたんに勇気をなくすと思っている上司がいる。必ずしもそうはならない。結果や目標や約束などに責任を負わせ、なおかつ勇気とやる気が出るような仕組みややり方を考えればいい。部下のやる気と責任感が両立すれば、上司はチームの業績も、自分自身の成績も思いのままだ。

「人に何でもやらせられる方法が一つだけある。自分からそれがやりたいと思わせればいい」

――デール・カーネギー

Lesson 50

檄《げき》を飛ばす

スポーツチームのコーチが試合の前や休憩中、選手たちを集めて檄を飛ばすように、仕事のチームのリーダーも、部下のやる気が衰えてきたら、力強い言葉で励ますことで勢いと生産性を呼び戻すことができる。有能なリーダーは「やれ！　行け！　がんばれ！」と声を張り上げるだけではない。より強いチームになるにはどこをどう変えるべきかをメンバーに理解させ、変わる手助けをする。

励ますだけでもしばらくはチームを活気づけられるし、それだけで突破口が開くことも多いが、もっと持続的な効果がほしければ、チームに自分たちの進歩をつねに意識させておくことだ。プロジェクトが完了したり目標が達成されたりしたら、そのつど祝うとか、目覚ましい働きをしたメンバーを必ずほめるといったことが大事になる。

すぐれたリーダーはすぐれたコーチと同様、自分で自分を励ますことができるように部下を教育する。君たちの能力を信頼している、君たちが自信をつける手助けは決して惜しまない——彼らにそうわからせることで、上司やコーチはその最も重要な役割の一つを果たしている。すぐれたコーチはメンバーが不調におちいれば、手を貸して気を取り直させる。基本を忘れた者は再訓練し、勝利すればともに喜ぶ。一人一人の個性を知り、それが最もよく活かせるように訓練や仕事のプランを立てる。期待に答えられないメンバーがいても、簡単にはあきらめない。彼らと向き合い、チームに課された高い水準まで彼らが昇れるように全力を尽くす。

有能なリーダーはチームの大きな業績だけでなく、どんな小さな進歩も必ず認めて評価する。特別素晴らしい業績が上がったりすれば、チームを賞賛し、メンバーが一致団結してこそできたことだと繰り返し語るだろう。あるマネジャーは、プロジェクトが大きな山を越えたときは、その場でいきなりピザ・パーティーやアイスクリーム・パーティーを開くのを習慣にしている。大仕事が無事に完了すると、自宅にメンバー全員のほか、世話になった人たちも大勢呼んでバーベキュー大会をやる人もいる。

「批判や、避難や、小言を言うことは、どんな馬鹿者にもできる。だが人を理解し、ゆるすには、人格と自制心が必要だ」

――デール・カーネギー

Lesson
51

人を動かすには

従業員がグループの仕事のどの部分でもこなせるように訓練されると、誰に何を割り当ててもよくなり（融通が利いて割り当てる仕事がぐんとらくになる）、それに加えて従業員のほうも、いろいろと違う仕事を担当するようになるので、毎日決まりきったことをする退屈さから大いに救われる。

「人から何かを売りつけられたとか、何かをやるよう押し付けられたと感じるのが好きな人間はいない。納得がいくからこれを買うのだ、自分の考えでこう行動するのだ、と感じるほうが私たちはずっと好

きなのだ。望みやほしいものや考えをたずねてもらうのは、とても嬉しいことだ」

——デール・カーネギー

第4章 よりよく生きる知恵

Life management

Lesson 52

今を生きる

「過去と未来を鉄の扉で閉め出し、今このときを生きる」ための手がかりとして、カーネギーはつぎの問いを自分に問いかけ、答えを紙に書いてみることを勧めている。

◆先のことを心配したり、「まだ見ぬ幻の花園」にこがれたりして、今このときを生きることを先延ばししていないか。

◆すんだことや起きてしまったことなど過去のことをくよくよと思い返して、今このときまで苦々しいものにしていないか。

◆朝起きたとき、「今日というこの日を逃すまい」と決心し、この24時間を最大限に活かそうとしているか。

◆「今日というこの一日だけを生きる」ことで、人生をもっと豊かにできるとは思わないか。

◆この生き方をいつから始めるか。来週からか、明日からか、それとも今日からか。

Lesson 53

熱中する

「熱中できるということは、良識と忍耐力がともなえば、成功に最も役立ちやすい資質である」
——デール・カーネギー

熱中するということほど仕事の推進力になるものはない。Enthusiasm（熱中、熱狂）という言葉は本来、聞いてすぐに思い浮かぶようなチアリーディング的な興奮状態よりも、ずっと深い意味をもっている。ギリシア語のentheos（内に神をもった）に起源をもち、文字通りに解釈すると「神がとりついた」あるいは「神がかり」。すなわち神の啓示を受けた状態ということになり、したがって自然にそうなれる人は、まさに恵まれた人だ。

熱中という推進力は、その人間に大きなパワーを与えるだけではない。伝染性があって、それに触れるすべての人に作用する。熱中できれば、辛い仕事も辛くなくなる。たとえば溝掘りのような骨の折れる労働にたずさわる人々でも、みんなで歌を歌いながら気勢をあげてやることで、その仕事の単調さを忘れることが観察されている。

好きな仕事に就くと成功しやすいというのはよく知られた事実だ。好きな仕事であれば自然に熱中でき、その道を究めることにつながる。熱中することは、想像力が羽ばたく土台となり、思いもよらない新しい何かを考えついたりもする。思考力が高速で振動するときは、よそからの同様に高速の振動を受け入れやすくなる。そこに創造の力が働くのに絶好の状況が生まれるのだ。

熱中できるということが成功哲学の原理となる他の資質、たとえば正確な思考や快活な人柄の重要な一部を担っていることも容易に想像がつくだろう。

Lesson
54

「遠くまで行けた者は、たいてい自ら行きたいと願い、思い切って行ってみた者だ。安全第一にしていたら、船は岸から離れられない」

"The person who goes farthest is generally the one who is willing to do and dare. The sure-thing boat never gets far from the shore."

–Dale Carnegie

Lesson 55

目標を立てる

ピーターはエンジニアになりたいと思っていた。小さいころから機械いじりが大好きで、学校では数学と科学がずば抜けてよくできた。将来の夢はずっと変わらず、大学でもまっすぐその道を歩んで願った通りの職に就いた。

彼のように人生が思い通りにいく人はあまりいない。子供の頃や10代のうちは将来何になりたいかはっきりしないし、たまたま就いた職が一生の仕事になったりもする。だが、たとえ何歳になろうと、目標を立てるのに遅すぎることは決してない。それは職業だけでなく、人生のどんな側面についても同じだ。

ジャンヌは大学卒業後、心ならずも何度か職を変えた。専攻はマーケティングだったが、その分野の最初の職場は泣きたくなるほど退屈だった。営業に転向したものの、こんどは仕事が性に合わず、ストレスだけがたまる。その後、法律事務所でアシスタントとして働きはじめると、初めて本当に仕事がおもしろく感じられ、やがて自分も弁護士になりたいと思うようになる。

彼女は一念発起して長期目標を立てた。刑事弁護士になることだ。事務所に異動を願い出ると、刑事事件を専門にあつかう先輩弁護士のもとで働けるようになった。ロースクールの夜間コースにも通い、まもなく法学の学位を取得する。当面の目標は国選弁護人の事務所で働くこと。そこで経験を積み、ゆくゆくは自分の事務所をもつつもりだ。

「心の底からやりたいと思うことなら、うまくいかなくてもあきらめたり投げ出したりしてはいけない。何か他のやり方を試すといい。弓の弦にもいろいろある。うまく飛ぶのがきっと見つかる」

――デール・カーネギー

Lesson 56

人生の危険地帯

人生はしばしばツルツルに凍った歩道のようになる。何とか向こうの端まで歩き切らなければならないが、いつどこで滑って転ぶかわからない。急ぐ必要がなければ、慎重に踏み出したり安全を期して休み休み行ったりするだろう。だが急ごうが急ぐまいが、一度バランスを保てなくなると、スリップして転ぶことになる。

バランス感覚を失いはじめると、生活のある面に過度に長い時間をついやすようになり、他の領域に使う時間が足りなくなる。長い間にそうなることもあるし、想定外の出来事によって突然そうなることもある。つぎにあげるのは、人生によくあるバランス感覚を失わせる出来事だ。これらは私たちにとっていわば外界の危険地帯だ。

けがや病気、転職、従業員の退職、大仕事のストレス、火事や洪水などの災害、愛する人の死など。他に旅行、結婚、離婚、卒業、結婚式、人間関係のもつれといったものも生活がバランスを崩すきっかけになる。

一方、内的な危険地帯もある。こちらは一見、人生のバランスを失わせるものとは思えないかもしれない。カーネギーはそんな内なる危険地帯をいくつかあげている。

疲労、ぐずぐずと先送りする癖、自己憐憫、時間管理の悪さ、非難や批判や不平、情熱のなさ。

Lesson 57

失敗から学ぶ

失敗は誰でもする。前進したければリスクを負わなければならない。リスクとは要するに、失敗の可能性だ。成功者は決断のたびにリスクを負っている。リスクは決してゼロにはならない。だが入念に分析し、計画を立てることによって最小限におさえられる。痛みがなければ儲けもないのだ。

失敗したら、くよくよしたり塞ぎ込んだりせずに、失敗の原因を入念に調べ、可能ならやり直す。たとえやり直しがきかなくても、将来同じ過ちを繰り返さないように、問題の原因を分析し、別のやり方を探しておく。

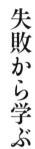

「問題が起きたら、まずこう自問する――起こり得る最悪の事態とは何か？　その最悪の事態を受け入れる覚悟をする。そして、その事態を少しでも改善する努力をする」

――デール・カーネギー

Lesson 58

「余白」をつくる

ストレスに関する画期的な本『*Margin: Restoring Emotional, Physical, Financial, and Time Reserves to Overloaded Lives*（余白——詰め込みすぎの生活に心と体とお金と時間のゆとりを取り戻す）』の中で、著者のリチャード・スウェンソン博士は「余白は積荷と限界との間の空間だ」として、日々の生活にもっと余白をつくる方法を探してほしいと語る。今の生活から何かを捨ててゆとりをつくらないかぎり、ストレスの増加に耐えられなくなるというのだ。

ページの余白や空白のスペースが本を読みやすくするように、生活に空白の時間をつくることが私たちをより柔軟にし、変化やストレスに耐えやすくする。

カーネギーはつぎのように助言する。

予定を何も入れない「封鎖日《ブロックデー》」をスケジュールに組みこむと、考えたり充電したりする余裕ができる。その日はどう使ってもいい。他の日に全力投入するのに備えるのもいいし、仕事を忘れて過ごすのもいい。いろいろ理由をつけて「ブロックデーをつくるなんてとても無理だよ」と言う人は、おそらく詰め込みすぎになりつつある人だ。

もし詰め込みすぎになってきたのがわかったら、強引にでも回避の策に出るべきだ。負担過剰と燃え尽きを避けるのに職場で役立つ方法の中からいくつかをあげる。

・ノーと言うことを学ぶ――私たちが時々刻々している無数の選択の中には、自分にとってあまり意味のないものもたくさんあるはずだ。どこかで線引きして、自分の時間と空間を護ることは大切だ。働きすぎを警戒する。職場で「ノー」と言えない人がたくさんいる。ちょっと手を貸すことをあちらこちらで引き受けたり、つい誘いに乗って本来の仕事のかたわら別のプロジェクトに参加したりする。こうしたことが負担がどんどん増えていくいちばんの原因だ。チームのよき一員であることは会社では大事だし、ときどき同僚の手助けをすることも確実に将来のためになる。だが気をつけないと、心の広さと親切心がいいように利用され、残るのは過労とストレスだけということになりかねない。

- **生活全体をシンプルにする**――人は所有するものの20パーセントしか利用していないといわれるが、それでも100パーセントを維持していかなければならない。

- **心を満たす**――「穏やかで、勇敢で、健全で、希望に満ちた考えで頭をいっぱいにしておきなさい。人生は考えた通りになっていくものだから」とカーネギーは言う。

- **ペースを落とす。急がない**――速いのは結構なことだし、より速いのも結構だ。だが速すぎるのはいけない。スピードをどんどん上げていけば仕事の質が犠牲になるし、自分にも周囲にもストレスがかかる。

・**人に興味をもつ**――人間関係を豊かにし、親身になってもらえる友人のネットワークを育てる。長く健康的な人生をおくるには、よき友をもつことが大事な要素になることが研究で証明されている。

Lesson 59

人を愛する

他人を幸せにすることが最大の願いとなり、その願いが他人の役に立とうという永続的な熱意になったとき、人は人生の成功に必要なあらゆるものへと駆り立てられる。すなわち、もっと人の役に立とうと懸命になる者だけが、またもっと大勢の役に立とうと懸命になる者だけが成功を手にできるのであり、そしてそういう懸命さは多くの場合、相手に対する愛によって生まれるのだ。

他人に役立ちたいというこの欲求は、私たちの心の平和に危険のない感情だ。神と人間のあらゆるルールに調和する感情でもあるし、これと対立する、不能率につながる気持ちを征服するものである。そして実行を長続きさせ、さらなる努力へと駆り立てるのに必要な原動力となる。

このルールの正しさを、成功者の人生が証明してくれるかどうか検討しようではないか。ある二人の歌手という典型的なケースを例に取ろう。二人とも流行歌を歌う才能があった。また二人とも同様に、専門家の評価は低かったものの、自分たちの歌を歌うのに適した声の持ち主だった。だがその程度の才能では、ふつう成功を期待できないという点でも彼らは同じだった。

一人は実際に芽が出なかった。彼はたいてい自分が満足できるように歌った。成功したいという気持ちは強かったが、聴衆を愛してはいなかった。最大の関心事は、自分がどんなに素晴らしい歌手かを証明することだった。聴衆は彼のそういう姿勢を感じ取り、冷たい目を向けた。失敗は決定的だった。一方、もう一人の歌手は、聴衆を愛していた。彼が真っ先に考えるのは、聴き手を幸せにすることだった。聴き手が好む歌を、聴き手が好むように歌った。聴き手をもっともっと幸せにしたいという願いから、聴き手を絶えず熱心に観察した。ちょっとした仕草や歌い方の癖などが気に入られたかどうかにもすぐ気づいたし、どんな歌い方が最も人を喜ばせるかを聴き手の一人一人から、またいろいろな聴衆から絶えず読み取ろうとした。聴衆やファンとつねにふれ合い、つきあい、話をした。第一には彼らが好きだったから。第二には、歌に関する彼らの好みを知りたかったから。自分の愛する人々が何が好きかを研究する間、何年間も食うや食わずの生活だった。だが希望を失うことは一度もなかった。何年にもおよぶ試行錯誤と大きな愛を注ぎつづけた日々を通して、聴衆はその歌い手が自分たちを愛していることに気づきはじめた。初めは敬意を抱いて、つぎには熱狂して、やがて喜びにあふれて彼の歌を聴くようになった。この人は私たちと似た人間だ、私たちのことがわかっている、私たちの仲間なのだと彼らは思った。この人は私たちの好きなものを知っていて、私たちと同じようにそれが好きなのだ。この人は私たちが好きだ、だから私たちも好きなのだ。この人の歌には他の歌手にはない温かい気持ちが流れている、と彼らは思った。この歌手は突然有名になり、大きな成功をおさめることになる。

この事例の二人の歌手は、二人の俳優に替えてもいい。戯曲や小説を書く二人の作家にも、二人の大工にも替えられるし、レストランやガソリンスタンドの経営者、商店主や工場主、セールスパーソン、教師、医師、弁護士、その他どんな二人にも替えることができる。成功するのはたいていは人を愛し、熱い思いを抱いて身をささげる人々、そうやって相手を幸福にする人々だ。

愛はその人とつき合うことを通してしか育まれないと考えてはいけない。ビジネスや仕事場でのふつうのふれ合いの中でも強くなっていく。商店主は自分の店へやってきたお客さんとふれ合うし、経営者は従業員と、セールスパーソンは顧客や顧客になりそうな人たちと接触する。たびたび関わりをもつことで相手を愛せるようになるし、仕事を通して相手を幸せにするのが楽しくなる。そして成功を望むなら、ますます多くの人が同様に幸せになれるような方法や手段を見つけることに熱い思いを抱いて身をささげることができるようになる。

「失敗から成功を育てなさい。失望と失敗は、成功へつながる二つのしっかりした踏み石だ」

――デール・カーネギー

Lesson
60

人格をみがく

人間の人格は、その人が無意識に、習慣的に、何をしているかで決まる。人格をみがくということは、つねに何らかの属性を足すこととされ、引くことはされない。だがすぐれた属性を加えるということは、とりもなおさず、悪い面を何とかするということだ。

「なりたい人間になる道を歩んでいないなら、それはとりもなおさず、なりたくない人間への道をまっしぐらというわけだ」
——デール・カーネギー

デール・カーネギーの原則

人にもっと好かれる人間になる三〇の原則

1 批判しない。非難しない。小言を言わない。
2 心からほめる。正直にほめる。
3 人を心からそうしたいという気持ちにならせる。
4 相手に心から関心をもつ。
5 笑顔を忘れない。
6 名前はその人にとって、他の何よりも心地よく響く言葉であることを忘れない。
7 よい聴き手になる。相手に自分のことを話させる。

8　相手が興味をもっていることを話題にする。

9　相手に自分は重要な人間だと感じさせる。心からそうつとめる。

10　議論に勝ちたければ、議論しないことだ。

11　人の意見に敬意をしめす。「あなたはまちがっている」と決して言わない。

12　自分がまちがっていたら、直ちにはっきりと認める。

13　話は愛想よく切り出す。

14　即座にイエスと答える質問をする。

15　心ゆくまで話をさせる。

16　これは人から押し付けられたのではなく、自分の考えだと思わせる。

17　相手の立場でものを見ることに真剣につとめる。

18　考えと欲求に共感する。

19　高いこころざしに訴える。

20　アイディアをドラマティックに演出する。

21　チャレンジ精神に訴える。

22　まずほめる。正直にほめる。話はそれからである。

23 ミスは直接指摘せず、間接的な方法で当人に気づかせる。
24 他人を批判するまえに、自分の失敗談を打ち明ける。
25 命令するかわりに質問する。
26 相手の顔をつぶさない。
27 進歩はどんなにわずかなものでも、そのつどほめる。「心からうなずき、惜しみない賛辞をおくる」ことを忘れない。
28 高い評価を与え、期待に応えさせる。
29 励まして、欠点は容易に直せるという気持ちにさせる。
30 こちらの提案に相手が喜んで従うような工夫をする。

悩みを乗り越える基本的原則

1 今日というこの一日だけを生きる。
2 困難に直面したら―
a 起こりうる最悪の事態は何かを自問する。
b その最悪の事態を受け入れる覚悟をする。

3　c　その最悪の事態が少しでもよくなるような努力をする。
悩むと、その高額のツケを健康で支払うことになるのを忘れてはならない。

悩みを分析する基本的テクニック

1　あらゆる事実を入手する。
2　すべての事実をはかりにかけてから決断する。
3　ひとたび決断したら、行動する。
4　つぎの質問を書き出しておき、それに答える。
a　問題は何か？
b　問題の原因は何か？
c　どんな解決法が考えられるか？
d　最良の解決法はどれか？

悩み癖を寄せつけない六つの心得

1　忙しく暮らす。

2　小さいことで大騒ぎしない。
3　めったに起きない事態を想像して取り越し苦労をしない。
4　避けられないこととは共存する。
5　それがどれだけ悩む価値のあることかを判断し、それ以上に悩まない。
6　すんだことにくよくよしない。

心の姿勢を養い、安らぎと幸せを呼ぶ七箇条

1　穏やかで、勇敢で、健全で、希望に満ちた考えで頭をいっぱいにしておく。
2　仕返しをしようとしない。
3　感謝されることを期待しない。
4　幸せの数を数える。苦労の数ではなく。
5　人の真似をしない。
6　失敗から学ぶようつとめる。
7　他人を幸福にする。

デール・カーネギーについて

デール・カーネギーは、今日ではヒューマン・ポテンシャル・ムーブメント（人間の潜在性開発運動）と呼ばれる成人教育活動のパイオニアである。彼の教えと著作はいまも世界中で、人々が自信をもち、人柄をみがき、影響力のある人間になる後押しをしている。

カーネギーが初めて講座を開いたのは一九一二年、ニューヨーク市のＹＭＣＡでのこと。それはパブリックスピーキング、すなわち人前で話すことやスピーチのしかたを指導する教室だった。当時のほとんどの話し方教室がそうだったように、彼の講座も、すぐれた話し方の基礎理論から始まった。しかし生徒たちはたちまち飽きてしまい、そわそわとよそ見をしはじめる。これはなんとかしなければ……。

デールは講義をやめて、教室のうしろのほうに座っていた一人の男性に声をかけ、立って話をしてくれないかと頼んだ。自分のいままでのことについて何でも思いつくままに話していいからと。その生徒の話が終わると、別の生徒にも同じことを頼み、そうやって順々に話をさせていくうちに、結局はクラス全員が自分のことについてちょっとしたスピーチをしていたのだった。クラスメートの励ましとカーネギーの指導によって、誰もが人前で話すことへの恐怖心を乗り越え、りっぱに話していた。カーネギーはそのときのことを、のちにこう報告している。「私はそれと気づかないうちに、恐怖心を克服する最良の道へと、よろめくように踏み出していたのである」

カーネギーの講座は大人気となり、他の都市からも開催を頼まれるようになった。それからの年月、彼はたゆむことなく講座を改良しつづける。生徒たちが最も関心をもっているのが、自信を高めることや人間関係の改善、社会的成功、そして不安や悩みの克服などだとわかると、講座のテーマもパブリックスピーキングから、そういうものへと変わっていった。それ自体が目的だったスピーチは、他の目的のための手段になった。

カーネギーは生徒たちから学んだことにくわえて、成功した男女が人生をいかに生きてきたかを徹底的に調査し、その成果を講座に取り入れた。そこから彼の最も有名な著作『人を動かす』(*How to Win Friends and Influence People*)が誕生する。

その本はたちまちベストセラーとなった。一九三六年の初版以来、一九八一年の改訂版と合わせて販売部数は二〇〇〇万部以上。三六の言語に翻訳されている。二〇〇二年には「二〇世紀最高のビジネス書」に指名され、二〇〇八年にはフォーチュン誌から「リーダーの本棚に備えられるべき七冊の本」の一冊にも選ばれた。

一九四八年に出版された『道は開ける』(*How to Stop Worrying and Start Living*)も、数百万部の売れ行きとなり、二七の言語に翻訳されている。

デール・カーネギーと彼が創立したデール・カーネギー協会の後継者たちがこれまでに開発し指導してきたコースやセミナーは、すでに世界七〇カ国以上で、何百万人もの人々に受講され、工場やオフィスに勤める人たちから政府の高官まで、あらゆる社会階層の人々の人生を変えている。修了生には大企業のCEO(最高経営責任者)もいれば、議員もいる。あらゆる業界の、あらゆる規模の会社や組織のオーナーや管理職がいる。そこでの経験によって人生が豊かになった数え切れない有名無名の人々がいる。

一九五五年一一月一日、デール・カーネギーが世を去ると、ワシントンのある新聞は死亡記事で彼の功績をこう称えた。「デール・カーネギーは宇宙の深遠な謎の何かを解明したわけではない。しかし、人間がおたがいに仲良くやっていくすべを知るという、ときには他の何より必要と見えることに、おそらくは今日の誰よりも貢献した」

デール・カーネギー協会について

デール・カーネギー・トレーニングは一九一二年、自己改善の力にかける一人の男の信念によって始められ、今日では世界中に拠点をもつ組織となって、実践を中心にしたトレーニングを行なっています。その使命はビジネス社会の人々にスキルをみがき能力を向上させる機会を提供して、強く安定した、高い利益につながる実力を身につけていただくことです。

創業当初のデール・カーネギーの知識は、それからほぼ一世紀におよぶ実社会のビジネス経験をとおして更新され、拡大され、洗練されてきました。現在は世界に一六〇箇所ある公認の拠点を通じ、あらゆる業種、あらゆる規模の会社や組織でのトレーニングやコンサルティング業務の体験を活用して知識と技術の向上に励んでいます。この世界中から集められ、蓄積された経験は、ビジネス社会に対する深い眼識となり、日々に拡大される知恵の宝庫となって、高い業績を追うクライアントの厚い信頼を得ています。

デール・カーネギー・トレーニングはニューヨーク州ホーポーグに本部を置き、アメリカ合衆国五〇州のすべてと七五をこえる国々で講座を開いています。プログラムを指導するインストラクターは二七〇〇人以上、使われる言語は二五以上。世界中のビジネス社会に役立つことに全力をあげており、じじつ修了生は七〇〇万人にのぼっています。

トレーニングの中心となるのが実用的な原則

とその習得です。独特のプログラムが開発されており、人々がビジネス社会で自らの価値を高めるのに必要な、知識とスキルと実践の場を提供しています。実社会で出会う種々の問題と、効果の証明された解決法とを結びつけるデール・カーネギー・トレーニングは、人々から最良のものを引き出す教育プログラムとして世界中から認められています。

デール・カーネギー協会では品質保証の一環として、トレーニング効果の測定・評価を行なっています。現在進行中の顧客満足度に対する世界的な調査では、修了生の九九パーセントが、受けたトレーニングに満足したと回答しています。

編者について

本書の編者アーサー・R・ペル博士は、二二年間デール・カーネギー協会の顧問をつとめ、同協会よりデール・カーネギー著『人を動かす』(*How to Win Friends and Influence People*)の改訂・編者に選任されている。『自己を伸ばす』(*Enrich Your Life, the Dale Carnegie Way*)の著者であり、一五〇の業界・専門誌に毎月掲載されたデール・カーネギー特集「ザ・ヒューマンサイド」の執筆・編集も行なった。

人材管理、人間関係改善、自己啓発にかんする著作は五〇作以上、記事は何百編にもおよぶ。またナポレオン・ヒル『思考は現実化する』、ジョセフ・マーフィー『眠りながら成功する』、ジェームズ・アレン『「原因」と「結果」の法則』、ヨリトモ・タシ『コモンセンス』などのほかオリソン・スウェット・マーデン、ジュリア・セトン、ウォーレス・D・ワトルズらによる潜在性開発分野の古典的作品の改訂・編集も行なっている。

〈訳者紹介〉
片山陽子（かたやま・ようこ）
翻訳家。お茶の水女子大学文教育学部卒業。訳書はE・ウィナー『才能を開花させる子供たち』（日本放送出版協会）、J・キーオ『マインド・パワー』（春秋社）、F・ジョージ『「できない自分」を「できる自分」に変える方法』（PHP研究所）、A・クライン『笑いの治癒力』、A・ロビンソン『線文字Bを解読した男』、G・E・マーコウ『フェニキア人』、D・カーネギー協会『人を動かす2』『D・カーネギーの対人力』（以上、創元社）など多数。

D・カーネギーの未来《みらい》を拓《ひら》く言葉《ことば》
――真摯《しんし》に生《い》きるために大切《たいせつ》な60の教《おし》え

二〇一六年四月二〇日　第一版第一刷発行
〈訳　者〉片山陽子
〈発行者〉矢部敬一
〈発行所〉株式会社 創元社
本　社　〒五四一-〇〇四七 大阪市中央区淡路町四-三-六
電　話　〇六-六二三一-九〇一〇(代)
FAX　〇六-六二三三-三一一一(代)
東京支店　〒一六二-〇八二五 東京都新宿区神楽坂四-三 煉瓦塔ビル
電　話　〇三-三二六九-一〇五一
http://www.sogensha.co.jp/
〈印刷所〉図書印刷 株式会社
装丁・本文デザイン　長井究衡
©2016, Printed in Japan ISBN978-4-422-10038-8 C0311
〈検印廃止〉
落丁・乱丁のときはお取り替えいたします。